教室で楽しむ
群読12カ月
低学年編

重水健介 企画
日本群読教育の会 編・脚色

高文研

本書を手にされる先生方へ

子どもたちは声を出すのが、だいすきです。

友だち同士で遊ぶかれらの姿を見ていると、笑ったり、合図をしたり、応援したり、歌ったり、叫んだりと、大声を出して楽しそうにしています。声を掛け合い、みんなで遊ぶ楽しさを共有しながら、友情をはぐくみ、お互いの結びつきを深めているようです。

群読は、このような声を合わせる子どもたちの世界をさらに広げる文化活動です。大勢でリズムにのって声を出すので、読むことが好きな子はもちろん、苦手な子もまわりにつられて声を出すようになります。いつでもどこでも簡単に導入でき、すぐに楽しめる活動です。いろいろな言葉の響きや語感を味わう中で、表現や鑑賞の力も育っていきます。

学校では「音読」が重視され、国語の授業でも盛んに取り上げられるようになりました。儀式や行事にも欠かせない表現形式になっています。群読は明るい学級つくりにも適した文化活動です。

本書では、日々の授業はもちろんのこと、朝や帰りの会、行事の前後、授業参観など、いろいろな場面で活用できる群読脚本を小学校低学年向けとして、各月四作品ずつ集めました。

脚本つくりにあたっては、日頃から学校や地域で子どもたちとともに群読に親しんでいる日本群読教育の会の会員の方々にお願いしました。『教室で楽しむ群読12カ月【中学年編】』『教室で楽しむ群読12カ月【高学年編】』と併せてご活用いただければ幸いです。

さあ、子どもたちと一緒に群読をはじめましょう。

編者・日本群読教育の会事務局長　重水 健介

◐――もくじ

「春」をよむ

「夏」をよむ

「秋」をよむ

「冬」をよむ

装丁・商業デザインセンター――増田 絵里
カバー・章扉イラスト――田村 春夫

【凡例】本書で使っている記号・用語について

《1》ソロ・アンサンブル・コーラス

ソロは一人で読む。アンサンブルは少人数で読む。コーラスは大勢で読む。ただし、ソロは「一人で読む」であって、「一人が読む」ではないので、読み手は交代してもよい。ソロ・アンサンブル・コーラスの声量の比は次を目安にする。

ソロ	大きな声1人分
アンサンブル	全体の6分の1（30人学級の場合は5人）
コーラス	全体の6分の5（30人学級の場合は25人）

《2》＋〈声のたし算〉——読み手がつけ加わっていく。

1　てはぱんぱん
＋2　あしはどんどん
＋3　はなはくんくん

このように＋の記号がついた場合、次のように読むことになる。

1　ては　ぱんぱん
1 2　あしは　どんどん（1は読み続け、2が増えている）
1 2 3　はなは　くんくん（1と2は読み続け、3が増えている）

《3》［〈追いかけ〉——輪唱のように、追いかけて読む。

1　をにぎり　をじゃない　おにぎり　ですよ
1　をにぎり　をじゃない　おにぎり　ですよ
2　をにぎり　をじゃない　おにぎり　ですよ
3　をにぎり　をじゃない　おにぎり　ですよ

まず、1がもとの文を読む。その後、再度、1が「をにぎり」と読んだところで、2が「をにぎり」と入っていく。続いて、2が「をにぎり」と読んだら、3が「をにぎり」と次々に追いかけて読む。ただし、もとの文を追いかけの後に読むこともある。

《4》＝〈バックコーラス〉——背景音として小さい声で読む。

1　ゆーきやこんこ
2　あられやこんこ

1　ふっては　ふっては　　2　ゆーきやこんこ
1　ずんずんつもる　　　　2　あられやこんこ

1と2が、「ゆーきやこんこ　あられやこんこ」と読んだ後で、1が本文を読むとき、同時に2が背景音として「ゆーきやこんこ」と読む。このとき、1の前半の「ふっては」に合わせて2は「ゆーきや」と読み、後半の「ふっては」に「こんこ」がそろうように読む。

つまり、1つの行を同じ拍数で読むことになる。

なお、バックコーラスは、背景音であり、本文を引き立てるようにやや小さい声で読む。

《5》〈異文平行読み〉——ちがう文を同時に読み進める

1　みんみんみんみんみんみんみーん（3回くり返す）
2　おーしんつくつく　おーしんつくつく（3回くり返す）
3　しゃしゃしゃしゃ　しゃしゃしゃしゃ（3回くり返す）

この場合、1～3がいっせいに同時に自分の文を読む。そう読むと、ちがう文章を複数の声で読むことになるので、なにを読んでいるのかわからないが、この例のように、山からセミしぐれが一斉に聞こえるような場面では効果的な表現になる。

《6》表組みの脚本

1	2
たこたこ　あがれ	○　あがれ
風よく　うけて	
○　あがれ	雲まで　あがれ

○は読まずに間をとり、途中から1と2が一緒に声をそろえて読む。

ここでは、1が「たこたこ」と読むとき、2は読まずに「あがれ」を1と同時に読む。なお、2の2行目のような空欄の場合、2は読まない。これを「空振りを置く」という。

《7》§〈乱れ読み〉——声を合わせずに、わざとバラバラに読む。

全員　§たい、あじ、いるか、ラッコ、ジンベイザメ……

この場合、読み手全員がわざと声をそろえずにバラバラに「たい、あじ、……」と読むことで、水族館にいろいろな魚がいる様子を表現する。

「春」をよむ

教室で楽しむ群読12カ月

4月

あっ！　いいな！

澤野郁文　作／編

〈読み手〉ソロ1、2の二人と、男女の二グループ

【ノート】大きく元気な声で読みましょう。毎日、朝の会で、当番の人がソロになって、楽しく明るく読んでみてください。読むスピードやタイミングは、自分たちで工夫してみましょう。

1　　　あっ
だんし　いいな
2　　　うれしい
じょし　えがお
1　　　あいうえ
1 2　　おはよう
ぜんいん　ございまーす！
じょし　あいうえ
だんし　おはよう
ぜんいん　あいうえ　おはようございまーす！

4月

えっへん

松本順子 作／編

〈読み手〉ソロ1、2、3、4、5の五人、または五グループ

【ノート】学級びらきから読みたい群読です。「えっへん」は、両手をにぎって腰におき、胸をはってじまんするように読みましょう。一年生の学級では傍線箇所をかっこの中の言葉で読んでください。

1　もう、一ねんせい（ねんちょう）よりおおきい
ぜんいん　えっへん
2　あさだって　ひとりでおきられる
ぜんいん　えっへん
3　じかんわりだって　まかせて
ぜんいん　えっへん
4　まちがえたって　なかない
ぜんいん　えっへん
5　ともだちも　いっぱい　いるんだ
ぜんいん　えっへん
だって、かっこいい　二ねんせい（一ねんせい）だもの

4月

がっこうたんけん

古関勝則 作／編

〈読み手〉ソロ1～10とアンサンブル、または①、②の二グループ

【ノート】ソロは、一人でとおして読むこともできます。なお、（○）で示したように、全体を①②の二グループでふたり読みすることもできます。最後はみなさんの学校名を入れてください。明るく元気な声で読みましょう。

1（①）　まいにち　ここで　おべんきょう
あんさんぶる（②）　ともだち　いっぱい
ぜんいん（①②）　みんなのきょうしつ

2（①）　あめでも　たいいく　だいじょうぶ
あんさんぶる（②）　やねがたかくて　とってもひろい
ぜんいん（①②）　たいいくかん

3（①）　いっぱい　はしるぞ　ようい　どん
あんさんぶる（②）　すなばにてつぼう　みんなであそぼう
ぜんいん（①②）　うんどうじょう

4（①）せんせいたちが
あんさんぶる（②）いっぱい　いるよ
ぜんいん（①②）しょくいんしつ

5（①）けがをしたとき　おなかがいたくなったとき
あんさんぶる（②）いつもみんなを　まもってくれる
ぜんいん（①②）ほけんしつ

6（①）おやおや　とっても　いいにおい
あんさんぶる（②）きゅうしょく　きょうも　ありがとう
ぜんいん（①②）ちょうりしつ

7（①）こっぷやおさら　なべまであるよ
あんさんぶる（②）こんろもあるよ　みしんもね
ぜんいん（①②）かていかしつ

8（①）がいこつ　ひょうほん　くすりのにおい
あんさんぶる（②）なんだか　ここは　こわそうだ
ぜんいん（①②）りかしつ

9（①）　ここには　いつも　こうちょうせんせい
あんさんぶる（②）　にこにこ　えがおで　すわってる
ぜんいん（①②）　こうちょうしつ

10（①）　いつでも　みんな　げんきいっぱい
あんさんぶる（②）　みんなやさしい　みんなたのしい
ぜんいん（①②）　（　　　）しょうがっこう

4月

ことばのあくしゅ

深澤五郎　作／編

〈読み手〉1、2の二グループ

【ノート】いろいろなあいさつ言葉があります。あいさつは人を結びつけます。おたがいにあいさつをしているように元気な明るい声で読みましょう。となりの席の人と二人で読むこともできます。

1 2　あいさつは　ことばのあくしゅ
1　おはようございます
2　おはようございます
1　いただきます
2　さあ　どうぞ
1　いってきます
2　いってらっしゃい
1　はじめまして
2　よろしくおねがいします
1　こんにちは
2　いいおてんきですね

1　ありがとう
2　どういたしまして
1　さようなら
2　またあした
1　ただいま
2　おかえりなさい
1　おやすみなさい
2　おやすみなさい
1 2　あいさついっぱい　ともだちいっぱい

5月

からだでおとあそび

古関勝則 作／編

〈読み手〉ソロ1〜7の七人、または七グループ
〈記　号〉＋声のたし算
【ノート】からだにはいろいろな働きがあります。そんなからだの音遊びです。手をたたいたり、床をふみならしたり、言葉に合うような動作をつけて読んでみましょう。

1　てはぱんぱん
＋2　あしはどんどん
＋3　はなはくんくん
＋4　みみはなになに
＋5　つめはがりがり
＋6　めはぱちぱち
＋7　くちはぱくぱく
ぜんいん　みーんなたいせつ　からだでおとあそび

5月

えんそく、あいうえお

田村隆吏 作／編

〈読み手〉ソロ1、2、3、4、5の五人、または五グループ
〈記　号〉十声のたし算
【ノート】一年生は、ひらがなの練習の真っ最中でしょうか。二年生は、「あいうえお」を口を大きくあけて正しく発音しましょう。さいごはお気に入りのポーズできめましょう。

1　あしたは　えんそく　うれしいな
ぜんいん　うれしいな
2　いっぱい　みんなと　あそべるぞ
ぜんいん　あそべるぞ
3　うーんと　はしって
4　うーんと　わらって　えいおう　えいおう
ぜんいん　えいえいおう！
5　おてんき　いのって
ぜんいん　えいえいおう！

1　あ―
+2　い―
+3　う―
+4　え―
+5　お―
ぜんいん　いえい！
（おきにいりのぽーずできめる）

5月

しりとりあそび

中山香代 作／編

〈読み手〉ソロ1～6の六人、または六グループ

【ノート】群読しりとりです。「○」のところは間をあけて読みます。手拍子に合わせて読むと、リズムにのりやすいでしょう。ソロのしりとりの部分を自由に考えて、ゲームのようにしてもおもしろいでしょう。

ぜんいん　あああ

　1　あさがお

ぜんいん　あ○さ○が○お

ぜんいん　おおおお

　2　おりがみ

ぜんいん　お○り○が○み

ぜんいん　みみみみ

　3　みるく

ぜんいん　み○る○く

ぜんいん　くくくく
4　くるま
ぜんいん　く○る○ま

ぜんいん　まままま
5　まくら
ぜんいん　ま○く○ら

ぜんいん　らららら
6　らいおん
ぜんいん　ら○い○おん
6　あっ、おいまい！
ぜんいん　お○し○まい！

5月

たんぽぽ

長塚松美 作／編

〈読み手〉ソロ1、2の二人、または二グループ

【ノート】野原一面に咲くたんぽぽを思い浮かべて、リズムにのって、大きな声で元気よく読みましょう。

「たんぽぽ」の文字を入れかえると、いろいろな情景がひろがりますね。

1　たんぽぽ　たんぽぽ
2　のはらに　いっぱい
1　たぽぽん　ぽぽん
2　はねるよ　ぼうる
1　ぽたんぽ
2　ぽたん
1 2　あめつぶ　おちた
1　ぽんたぽ
2　ぽんた
1 2　かわいい　おなか
2　ぽぽんた　ぽんた

1　くりくり　おめめ
2　ぽぽたん　ぽぽた
1　ひろがる　あそび
2　たぽぽん
1　たぽん
1 2　はねるよ　みずが
2　たんぽぽ
1　ぽんぽ
1 2　かわらに　いっぱい

6月

はやくちことば

重水健介 編

〈読み手〉1、2、3の三グループ

【ノート】グループで読むところはゆっくりと読み、全員の部分は、はやくちで読みます。全員で読むところは、はじめに先生に、「さんはい」と合図をしてもらうとよいでしょう。

1　なまむぎ
2　なまごめ
3　なまたまご
ぜんいん　なまむぎ　なまごめ　なまたまご

1　となりのきゃくは
2　よくかきくう
3　きゃくだ
ぜんいん　となりのきゃくは　よくかきくう　きゃくだ

1　あかまきがみ
2　あおまきがみ

3

ぜんいん　ききがみ
ぜんいん　あかまきがみ　あおまきがみ　きまきがみ

ぜんいん　なまむぎ　なまごめ　なまたまご
となりのきゃくは　よくかきくう　きゃくだ
あかまきがみ　あおまきがみ　きまきがみ

6月

あした　てんきになあれ

松本順子　作／編

〈読み手〉ソロ1～4とナレーター、かえる、あじさいの七人、または七グループ
〈記　号〉＋声のたし算
【ノート】雨の季節に読みたい群読です。雨の音はいろいろな声を工夫して読みましょう。はじめの数行はだんだんはやく読んで、ふりだした雨が強くなっていく様子を表しましょう。

なれーたー　あめが　ふってきた
　1　ぽつーん　ぽつ　ぽつ（ゆっくり）
＋2　ぽつーん　ぽつ　ぽつ（ふつうのはやさで）
＋3　ぽつ　ぽつ　ぽつ　ぽつ（すこしはやく）
＋4　ぽつぽつぽつぽつ（はやく）

なれーたー　かえるが　なきだした
かえる　「あめだよ、あめだよ、うれしいな」
12　ざぁーざぁーざぁーざぁー
34　ざぁーざぁーざぁーざぁー

なれーたー　あじさいたちが　そらをみた（あじさい、そらをみあげる）
あじさい　「きもちがいいな、きもちがいいな、いいはな　さかそう」
　かえる　ざざぁー　ざざぁー　ざざぁー　ざざぁー
あじさい　ざざぁー　ざざぁー　ざざぁー　ざざぁー

なれーたー　ぼくは　おおきなこえで　さけんだ
1234　「あした　てんきになあれ」
ぜんいん　「あした　てんきになあれ」

6月

げっくりかっくり

わらべうた／海上和子 編

〈読み手〉ソロ1、2の二人、または二グループ
〈記　号〉［追いかけ
【ノート】子どもたちがなわとび遊びで歌ったわらべうたです。じっさいになわとびをしているようにリズムよく読みすすめます。「げっくり」の「げ」や、「かっくり」の「か」を強めに読むと楽しくなります。

1 2　げっくりかっくり

1　げっくり
2　かっくり
1　すいようび
2　すいようび
1　もっくり
2　きんとき
1　どろだらけ

2　どろだらけ
1 2　にちようび　にちようび
1　おわりのかみさま
2　さんだいし[注]
1　ぴーひょろ　ぴーひょろ　さんだいし
2　　　　　　　　　　ぴーひょろ　ぴーひょろ　さんだいし
1 2　ぴーひょろ　ぴーひょろ　さんだいし
1　そら　はーいれ
2　そら　はーいれ
1 2　そら　はーいーれ

[注]　さんだいし＝わるいことをおいはらうとされるおぼうさん

6月

さしすせそうしましょう！

澤野郁文　作／編

〈読み手〉ソロ1、2の二人と男女の二グループ。
〈記　号〉＋声のたし算　§乱れ読み
【ノート】＋はだんだん人数が増えます。§は、全員でばらばらに読みます。「　　　」には、「ケーキ屋さん」「どうぶつえん」「うちゅうたんけん」など、みなさんのすきな場所をいろいろと書き入れて読むのも楽しそうですね。

　　1　　さあさあ
じょし　　しってる？　しってるかい？
　　2　　すてきな
だんし　　せかいがすぐそこに
　　12　　「すいぞくかん」に　行《い》ってみよう！
ぜんいん　§「たい、あじ、いるか、ラッコ、くらげ、いか、ジンベイザメ……」

だんし　　すぐそこ
じょし　　すぐそこ
ぜんいん　行ってみよう！
　　12　　さしすせ
＋じょし　さしすせ
＋だんし　そうしましょう！

「夏」をよむ

教室で楽しむ群読12カ月

7月

うさぎのゆうびんはいたつ

北原白秋 作／海上和子 編

〈読み手〉ソロ1～4の四人、または四グループ

【ノート】野原をうさぎがとびはねるイメージです。明るい声でリズムにのって読みましょう。最後の「えっさっさ」は、読み手がふえると声もいっぺんに大きく聞こえるように読みましょう。

1234 うさぎのゆうびんはいたつ　きたはら　はくしゅう

1 えっさっさ

2 えっさっさ

1 ぴょんぴょこ　うさぎが

23 えっさっさ

234 えっさっさ

2 ゆうびんはいたつ

134 えっさっさ

2 とうきびばたけを

134 えっさっさ

3　ひまわりかきねを
124　えっさっさ
3　りょうてをふりふり
124　えっさっさ
4　わき目《め》も　ふらずに
123　えっさっさ
4　でんぽう　でんぽう
1　えっさっさ
12　えっさっさ
123　えっさっさ
1234　えっさっさ

7月

いろいろ　たのしい　なつやすみ

日置敏雅　作／編

〈読み手〉ソロ1～7の七人

【ノート】全員で読む「なつやすみ」はとくに大きな声で。最後は「いろいろ　たのしい」の後、大きく息を吸って、力強く「なつやすみ！」としめくくります。

じょし　　なつだ
だんし　　あついぞ
ぜんいん　なつやすみ！
じょし　　もうすぐ　たのしい　なつやすみ
ぜんいん　なつやすみ！
だんし　　なつやすみには　なにしよう
ぜんいん　なにしよう

じょし　　しろくて
だんし　　おおきな
ぜんいん　にゅうどうぐも！
じょし　　にゅうどうぐもの　なつやすみ

ぜんいん　なつやすみ！
だんし　なつやすみには　なにしよう
ぜんいん　なにしよう

1　ぷーるで　およいで　まっくろに！
ぜんいん　まっくろに！
2　すいかを　たべて　まっかっか！
ぜんいん　まっかっか！
3　うみに　もぐると　まっさおだ！
ぜんいん　まっさおだ！
4　おいしい　むぎちゃは　まっちゃっちゃ！
ぜんいん　まっちゃっちゃ！
5　たまむし　みつけた　にじいろだ！
ぜんいん　にじいろだ！
6　おばけも　でてきた　まっしろだ！
ぜんいん　えーっ!?
7　もうすぐ　はじまる　なつやすみ
ぜんいん　いろいろ　たのしい　なつやすみ！

7月

ぴん　ぴこ　ぴん

長塚松美　作／編

〈読み手〉1、2、3の三グループ
〈記　号〉＋声のたし算
【ノート】はねるようす、とぶようす、まぶしげなようすを工夫して読むとすてきです。全体的にリズムよく読みます。声のたし算は、テンポよく声を重ねていきましょう。

1　ぴんぴこ
＋2　ぴんぴん
＋3　なにが　とぶ？
1　のみ　かな？
2　たね　かな？
3　とり　ですよ

1　ふわふわ
＋2　ふんわり
＋3　なにが　とぶ？
1　ふうせん？

2　しゃぼん？
3　わたげ　です

1　ぴかぴか
＋2　ぴかっと
＋3　なに　ひかる？
1　おひさま？
2　でんき？
3　わたしの　ひらめき？

1　いつでも　きらきら
ぜんいん　かがやく　ように
2　ぴんぴこ　ぴんぴん
ぜんいん　はじける　ように
3　ぴかぴか　ぴかっと
ぜんいん　ひらめく　ように

7月

いろいろなかぞえかた

重水健介　作／編

〈読み手〉 1～10の一〇グループ

【ノート】 1～10は、ソロで読むこともできます。手をたたくときは、ばらばらでもよいし、タンバリンなどでリズムをとって、いっしょに手をたたいてもよいですね。大きな声で元気よく読みましょう。

1　みんなで　1かい　てをたたこう（ぜんいんで1かいてをたたく）
ぜんいん　一つ、一人、一ぽん、一ぴき

2　みんなで　2かい　てをたたこう（ぜんいんで2かい手をたたく。あともおなじように）
ぜんいん　二つ、二人、二ほん、二ひき

3　みんなで　3かい　てをたたこう
ぜんいん　三つ、三人、三ぼん、三びき

4　みんなで　4かい　てをたたこう
ぜんいん　四つ、四人、四ほん、四ひき

5　みんなで　5かい　てをたたこう
ぜんいん　五つ、五人、五ほん、五ひき、まだまだ　つづきが　ありますよ。

6　みんなで　6かい　てをたたこう

ぜんいん　六つ、六人、六ぽん、六ぴき
7　みんなで　7かい　てをたたこう
ぜんいん　七つ、七人、七ほん、七ひき
8　みんなで　8かい　てをたたこう
ぜんいん　八つ、八人、八ぽん、八ぴき
9　みんなで　9かい　てをたたこう
ぜんいん　九つ、九人、九ほん、九ひき
10　みんなで　10かい　てをたたこう
ぜんいん　十、十人、十ぽん、十ぴき、
では、このへんで　おわりましょう。

8月

なつのそら

日置敏雅 作／編

〈読み手〉男子、女子、全員

〈記　号〉異文平行読み

【ノート】よく晴れていた空がだんだん雲ってどしゃぶりの雨になる。そんな夏の空を思い浮かべて、リズムよく読みます。異文平行読みはちがう文を同時に読みます。後半の数行は迫力を出して強く読みましょう。

ぜんいん　じんじんじりじり　たいようが
　　　　　もくもくもくもく　にゅうどうぐも
　　　　　ぴかっ　ごろごろ　かみなりだ
　　　　　ざあざあ　ざんざぶ　おおあめ
じょし　もくもくもくもく　ぴかっごろごろ　ざあざあざんざぶ　じんじんじりじり
だんし　じんじんじりじり　もくもくもくもく　ぴかっごろごろ　ざあざあざんざぶ
じょし　どーん
だんし　どーん
ぜんいん　おおあめだ

じょし	だんし
かみなりさまは大あばれ	かみなりさまは大あばれ
びかぴか　ごろごろ　ごろごろりん	○　○　ごろごろりん
ざあざあ　ざんざぶ　ざんざぶざん	○　○　ざんざぶざん
びゅうびゅう　ぴゅうぴゅう　びゅうぴゅうぴゅうぴゅう	○　○　びゅうぴゅうぴゅう
ぴかぴか　ごろごろ　ぴかごろりん	○　○　ぴかごろりん
ざあざあ　ざんざぶ　ざんざぶざん	びゅうびゅう　ぴゅうぴゅう　びゅうぴゅうぴゅうぴゅう
ざあざあ　ざんざぶ　ざんざぶざん	ぴかぴか　ごろごろ　ぴかごろりん
ざあざあ　ざんざぶ　ざんざぶざん	ざあざあ　ざんざぶ　ざんざぶざん
どーん	どーん

8月

かぞえうた

松本順子 作／編

〈読み手〉ソロ1、2、3、4、5の五人、または五グループ

【ノート】1年生では二学期に漢数字の読み方を勉強します。2年生もきちんとおぼえていますか。いろいろな音は食べ物をうかべて読んでください。また、最後の漢数字は全員で大きな声で読み上げましょう。

1　一つ　おさらに　あんぱん　一こ　ぽつん
1 2　二つ　てつなぎ　さくらんぼ　二こ　ぶらんぶらん
1 2 3　三つ　おおきい　みかんが　三こ　ごろごろごろりん
1 2 3 4　四つ　あなあき　どーなつ四こ　くるくるくるん
1 2 3 4 5　五つ　いちれつ　ならんだいちごが五こ　いち、に、さん、し、ご、
1 2 3 4 5　六つ　はこには　けーきが六こ　きらきらきらりん
2 3 4 5　七つ　あまーい　あめだま　七こ　ころころころりん
3 4 5　八つ　ふくろに　おせんべい　八まい　ぱりぱりぱりん
4 5　九つ　てのひら　あまぐり　九こ　いがいがいが
5　十　おさらにのった　ぶどうが　十つぶ　ぷるぷるぷるん

ぜんいん

一つ、二つ、三つ、四つ、五つ、
六つ、七つ、八つ、九つ、十
つくえの上《うえ》は、もう　いっぱい！

8月

どんちゃか

長塚松美　作／編

〈読み手〉1、2、3、4の四グループ
〈記　号〉＋声のたしざん
【ノート】夏祭りのにぎやかな情景を思い浮かべながら、読みましょう。どんな音色が聞こえてきますか。最後は「わっしょい　わっしょい」を数回くり返して「わっしょい　しょい」でしめくくるのもいいですね。

1　　どんちゃか
＋2　ちゃっちゃ
＋3　どんちゃか
＋4　どん

2　　ぴいひゃら
＋3　ひゃっひゃ
＋4　ぴいひゃらら

12　まつりばやしの

34　ふえ　たいこ
12　どどんが　どんどん
+34　どどんが　どん
1　ぴいぴい　ひゃらら
234　ぴいひゃら　ぴっ

1　まつりだ
+2　まつりだ
+34　わっしょい　しょい

34　わっしょい　わっしょい
ぜんいん　わっしょい　しょい

8月

せみしぐれ

山口聡　作／編

〈読み手〉ソロ1～6の六人と、①～⑥の六グループ。ソロはグループから一人えらぶ

〈記　号〉§乱れ読み　┣┳┫異文平行読み

【ノート】数字だけのところはグループで読みます。せみの鳴き声は人によって住む場所によって聞こえ方がちがうようです。それをしらべて鳴き声を工夫すると楽しそうです。夏休みの登校日などに読みましょう。

1～6　なつだ、あついぞ、せみのこえ
ぜんいん　せみのこえ
1～6　せみがげんきにないている
ぜんいん　ないている
　1 2　あっ、みんみんぜみだ
①②　みんみんみんみんみんみんみーん
ぜんいん　§みんみんみんみんみんみんみーん
3 4　あっちで　なくのは　つくつくほうし
③④　おーしんつくつく　おーしんつくつく

ぜんいん　§おーしんつくつく　おーしんつくつく
5 6　むこうに　くまぜみ　みつけたぞ
⑤⑥　しゃしゃしゃしゃしゃしゃしゃしゃ
ぜんいん　§しゃしゃしゃしゃしゃしゃしゃしゃ
1～6　せみのなきごえ、だいがっしょう、せみしぐれ　すたーと！
①②　みんみんみんみんみんみーん（3回くりかえす）
③④　おーしんつくつく　おーしんつくつく（3回くりかえす）
⑤⑥　しゃしゃしゃしゃ　しゃしゃしゃしゃ（3回くりかえす）

1　ゆうがたになると
2　また　べつのこえ
ぜんいん　§かなかなかなかな　かなかなかなかな
3　ほら　ひぐらしもなきだした
4　そろそろ　いえに　かえろうよ
5　それではみなさん　ごいっしょに
6　せえの
ぜんいん　さようなら！

9月

あぶくたった　にえたった

おにあそびうた／海上和子 編

〈読み手〉ソロ1～11（1～10は子ども役、11はおにの役）と、①、②の二グループ

【ノート】ソロはグループの中から11人きめておきます。昔話に出てくるおに遊び歌をリズムにのって読みましょう。文に合わせて、食べたり、洗ったりする動作をつけると、より楽しくなります。

ぜんいん　あぶくたった　にえたった

①　あぶくたった　にえたった

②　にえたかどうだか　たべてみよ

①②　むしゃ　むしゃ　むしゃ　まだにえない

②　あぶくたった　にえたった

①　にえたかどうだか　たべてみよ

①②　むしゃ　むしゃ　むしゃ　もうにえた

1　ごはんをたべて

①②　むしゃ　むしゃ　むしゃ

2　おさらをあらって

①②　がちゃ　がちゃ　がちゃ
3　とだなにしまって
①②　ごとごとごと
4　おふろに入って
①②　ごしごしごし
5　おべんじょいって
①②　ああすっきり
6　おふとんしいて
①②　よいしょ　よいしょ
1～11　おやすみなさーい
7　となりのおばさん　いま　なんじ
8　よなかの　2じ
①②　かた　かた　かた
9　なんのおと
①②　かぜのおと
1～11　ああよかった
①②　かた　かた　かた
10　なんのおと
11　おばけのおと(こわそうなこえで)
ぜんいん　きゃあー（おおきなこえで）

9月

うえからよんでも　したからよんでも

澤野郁文　作／編

〈読み手〉ソロ1〜13（一人ずつ分担して読みます）
〈記　号〉＋声のたし算
【ノート】人数がだんだん増えていきます。読み出すタイミングをチームワークで合わせてください。ソロ1・3・8は、何度も続けて読むことになります。最後は全員で声をそろえて読みましょう。

1　うえからよんでも
＋2　したからよんでも
ぜんいん　おんなじ　ことば

3　みみ
＋4　もも
＋5　こねこ
＋6　とまと
＋7　さかさ
8　たけやぶやけた

＋9　るすになにする
＋10　みなはおはなみ
＋11　ようかんかうよ
＋12　かんけいないけんか
＋13　たしかにかした

ぜんいん　てつだうよ　なんでも
どんなようだって

9月

いろんなおつきさま

中山香代 作／編

〈読み手〉ソロ1～3の三人、または三グループ
〈記　号〉十声のたし算
【ノート】いろいろなかたちの月が出てくる詩です。リズムにのって読みましょう。
他の人が読むところも、小さな声で読んでいくと、なめらかにつづけて読むことができます。
最後の声のたし算は元気な声で読みましょう。

1　まんげつ
2　みかづき
3　すいかづき
ぜんいん　いろんなかたちの　おつきさま
　まいにち　すがたを　かえていく

1　ふっくら　まんげつ
2 3　よぞらをてらす
1　まんげつ　みてたら
2 3　うさぎもみえる

ぜんいん　ぺったん　ぺったら　ぺったらこ
2　ほっそり　みかづき
13　ながいかお
2　めとはなとくちが　みえるよう
13　なんだか　わらっているようだ
ぜんいん　わたしも　つられて　わらいだす

3　はんぶんきられた　すいかづき
12　おいしそうだな　すいかづき
3　きいろがあかに　かわったら
12　あのつき　てもとに　もってきて
ぜんいん　おなかいっぱい　たべたいな

1　まんげつ
+2　みかづき
+3　すいかづき
1　いろんなかたちの　おつきさま
+2　まいにち　すがたを　かえていく
+3　いきてるような　おつきさま

9月

たのしい秋

山口聡 作／編

〈読み手〉1～8の八グループ

〈記　号〉┣┳┫異文平行読み

【ノート】グループごとに「秋」を紹介していきます。合いの手の（はい）は、せりふにつづけて、間をあけずに全員で読みます。全体に弾むようなリズムで読みましょう。異文平行読みは、それぞれ違う文を同時に読みます。

１２　　あきといえば
ぜんいん　しょくよくのあき！
１　　さんま　なし　かき　くりごはん（はい）
ぜんいん　さんま　なし　かき　くりごはん
２　　かれー　らーめん　はんばーぐ（はい）
ぜんいん　かれー　らーめん　はんばーぐ
　　　え～？　たべすぎだよ。

３４　　あきといえば

ぜんいん　すぽーつのあき！
3　どっじ　なわとび　いちりんしゃ（はい）
ぜんいん　どっじ　なわとび　いちりんしゃ
4　だんす　さっかー　ばどみんとん（はい）
ぜんいん　だんす　さっかー　ばどみんとん
え～？　あそびすぎだよ。

56　あきといえば
ぜんいん　どくしょのあき！
5　えほん　しょうせつ　ものがたり（はい）
ぜんいん　えほん　しょうせつ　ものがたり
6　こくご　さんすう　せいかつか（はい）
ぜんいん　こくご　さんすう　せいかつか
え～？　きょうかしょ？

78　あきといえば
ぜんいん　げいじゅつのあき！
7　ねんど　こうさく　すいさいが（はい）
ぜんいん　ねんど　こうさく　すいさいが
8　まんが　いらすと　らくがきだ

ぜんいん　まんが　いらすと　らくがきだ
え～？　らくがきは　だめだよ。

ぜんいん　あきといえば
1 2　しょくよくのあき
3 4　すぽーつのあき
5 6　どくしょのあき
7 8　げいじゅつのあき
1 2　さんま　なし　かき　くりごはん
3 4　どっじ　なわとび　いちりんしゃ
5 6　えほん　しょうせつ　ものがたり
7 8　ねんど　こうさく　すいさいが
1 2　さんま　なし　かき　くりごはん（3回くりかえす）
3 4　ドッジボ　なわとび　いちりんしゃ（3回くりかえす）
5 6　えほん　しょうせつ　ものがたり（3回くりかえす）
7 8　ねんど　こうさく　すいさいが（3回くりかえす）
1～4　あきは　たのしいね
5～8　あきは　たのしいよ

「秋」をよむ

教室で楽しむ群読12カ月

10月

うさぎとかめ

石原和三郎 作／加藤征子 編

〈読み手〉ソロ1、2、3、4の四人、または四グループ

【ノート】有名なわらべうたです。1と2がうさぎ役、3と4がかめ役です。うさぎとかめの会話が続きます。歌いながらお互いに会話をしているように読みましょう。

1 2　もしもし　かめよ　かめさんよ
1　せかいのうちで　おまえほど
2　あゆみののろい　ものはない
1 2　どうして　そんなにのろいのか

3 4　なんとおっしゃる　うさぎさん
3　そんなら　おまえとかけくらべ
4　むこうのおやまのふもとまで
3 4　どちらがさきに　かけつくか

1 2　どんなに　かめがいそいでも
2　どうせ　ばんまでかかるだろ

1　ここらで　ちょっとひとねむり
2　ぐーぐーぐーぐー
1 2　ぐーぐーぐー

1 2　これはねすぎた　しくじった
ぴょんぴょん　ぴょんぴょん
ぴょんぴょんぴょん
3 4　あんまりおそい　うさぎさん
さっきのじまんは　どうしたの

10月

いちょうの木

松本順子　作／編

〈読み手〉ソロ1、2、3、4、5、6の六人、または六グループ

【ノート】学校の校庭にはみんなを見守っていてくれる大きな木があります。みんなの成長を喜んでくれているでしょう。感謝の気持ちをこめて、やさしい声で読みましょう。

1　こうていに　しずかに立っている　いちょうの木《き》
+2　せが高《たか》くて　でっかくて
+3　いつも　ぼくらを　みているようだ
4　秋《あき》には、きいろいふくに　へんしんする
+5　たいようにてらされると　おうごん色《いろ》
+6　まるで　きりんかいじゅうのようだ

1　秋《あき》がおわりかけると　きいろいふくがおち
2　えだ、えだ、えだばかり　たいようがすけて見《み》える
3　まるで　ほねほねかいじゅうのようだ

4　いちょうの木《き》が　まい朝《あさ》　ぼくらによびかける
123　「おはよう、げんきかい」
4　ぼくらも　大《おお》きな声《こえ》でこたえる
56　「おはよう、げんきだよ」
ぜんいん　これからも　ぼくらを　みまもっていてね

10月

からす　勘左右衛門《かんざえもん》

わらべうた／海上和子　編
〈読み手〉１、２の二人、または二グループ
【ノート】むかしし、カラスは子どもたちの友だちでした。子どもがカラスをちょっとからかってみるように読むとおもしろいでしょう。
1
2　からす　勘左右衛門《かんざえもん》

1　からす　勘左右衛門《かんざえもん》　おやどは　どこだ
2　おやどは　山の中《やまなか》
1　かねつけて　どこへいきゃる
2　のんのへまいり[注1]　とりいの下で　いっちい[注2]　といといが
1　あぶらずし　くわえて
2　こっちへ　ひょろり　あっちへ　ひょろり
1　あっちへ　ひょろり　こっちへ　ひょろり
1
2　やぶのなかへ　ごーそごそ
2　からす　勘左右衛門《かんざえもん》　どこへゆく

1　おやどへ　かえる
2　おやどは　どこだ
1　おやどは　山《やま》の中《なか》
2　わがうち　やける　やける　やける
1　はやくいんで[注3]　水《みず》かけよ
2　ひしゃくがなければ　かしてやろ
1　水《みず》がなけれりゃ　かそぞ
12　あまったら　かえせ　あまったら　かえせ

〔注1〕のんの＝神社
〔注2〕いっちい　といとい＝ちいさなおじいさん
〔注3〕いんで＝行って

10月

こだまでしょうか

金子みすゞ 作／重水健介 編

〈読み手〉1、2の二人、または二グループ

【ノート】はじめは、となりの席の人と二人で読んでみましょう。やさしい声、いじわるな声、あやまる声を、相手に話しかけるように読んでみましょう。

1 こだまでしょうか
2 こだまでしょうか（やや小さく）
1
2 金子《かねこ》みすゞ

1 「あそぼう」っていうと
2 「あそぼう」っていう。
1 「ばか」っていうと
2 「ばか」っていう。
1 「もうあそばない」っていうと
2 「あそばない」っていう。

1 そうして、あとで
1
2 さみしくなって、
1 「ごめんね」っていうと
2 「ごめんね」っていう。
1 こだまでしょうか、
1
2 いいえ、だれでも。

11月

かぞえうた

古関勝則 作／編

〈読み手〉1、2の二グループ

【ノート】いろんな「もち」がでてくる数え歌を楽しく元気に読みましょう。リズムをそろえるために「ひとつ」は「ひとーつ」と読むなど工夫しましょう。数字を一人が読み、続けてみんなで読むこともできます。

1　ひとつ　ひばちで　やいたもち
2　ふたつ　ふくふく　ふくれもち
1　みっつ　みごとに　できたもち
2　よっつ　よごれて　きなこもち
1　いつつ　いしゃさま　くすりもち
2　むっつ　むくむく　むくれもち
1　ななつ　ななくさ　ぞうにもち
2　やっつ　やしきで　できたもち
1　ここのつ　こんやで[注1]　そめたもち
2　とおで　とっちゃん　せんき[注2]もち

〔注1〕こんや＝着物などにするたんものを染める仕事をする店
〔注2〕せんき＝おなかがいたくなる病気

11月

どんぐりといちょう

日置敏雅 作／編

〈読み手〉全員、男子、女子

【ノート】秋は、どんぐりが実ったり、木の葉が色づいたりと自然の変化が楽しめる季節です。くり返す部分はテンポよく読みましょう。また、最後の一連は言葉のちがいに気をつけましょう。

だんし　ころころ　ころころ
じょし　ころころ　ころころ
だんし　ころころ　ころころ
じょし　どんぐりが
だんし　まるまる　ふとっちょ　どんぐりが
じょし　赤《あか》い　はっぱの　マットの上《うえ》で
だんし　でんぐりがえりを　しているよ

じょし　くるくる　くるくる
だんし　くるくる　くるくる
じょし　くるくる　くるくる
だんし　イチョウのは

じょし　スカートはいた　きいろのはっぱ
だんし　秋《あき》のロンドの　リズムに合《あ》わせ
じょし　みんなで　ダンスを　しているよ

だんし　くるくる　ころころ
じょし　ころころ　くるくる
だんし　くるころ　くるくる
じょし　ころくる　ころころ
だんし　くるころ　くるころ
じょし　ころくる　ころくる
ぜんいん　ころころりん
　　　　秋はとっても　たのしいきせつ

11月

ぴいひょろトンビ

信濃《しなの》地方のわらべうた／海上和子 編

〈読み手〉ソロ1、2の二人、または二グループ

〈記　号〉＋声のたし算

【ノート】トンビと子どものへらず口ごっこです。どちらも負けていません。次から次へと続きます。1はすこしトンビをからかうように、2はそれに負けない調子で、かけあいのように読むとよいでしょう。

1 2　ぴいひょろトンビ

1　ぴいひょろ　ぴいひょろ　ぴいひょろろ

＋2　ぴいひょろ　ぴいひょろ　ぴいひょろろ

1　トンビ　とろろ。トンビ　とろろ。赤いもの　なんだ。

2　なんばんコショウだ。

1　コショウなら　なめろ。

2　なめれば　からい。

1　からけりゃ　みずのめ

2　みずのみゃ　はらいたむ。
1　いたけりゃ　ねてろ
2　ねてれば　ノミくう。
1　ノミくえば　つぶせ。
2　つぶしたくても　つめがない。
1　つめがなきゃ　ゆへいけ。
2　ゆへいこうにも　かねがない。かねがない　かねがない。
1　かねがなきゃ　かりろ。
2　かりても　かさぬ。
1　かさなきゃ　ぬすめ。
2　ぬすめば　おわれる。
1　おわれたら　にげろ。
2　にげれば　ころぶ。
1　ころんだら　おきろ。
2　おきるうちにゃ　つかまる。

1　ぴいひょろ　ぴいひょろ　ぴいひょろろ
＋2　ぴいひょろ　ぴいひょろ　ぴいひょろろ

11月

あったかおにぎり

長塚松美　作／編

〈読み手〉1～4の四グループ

〈記　号〉［追いかけ

【ノート】みなさんがだいすきなおにぎり。おにぎりを食べながら「あかさたな…」と覚えられたらすてきですね！　現在では、「を」「ん」から始まる言葉はないことも押えておきましょう。

1　あったか　おにぎり
2　かっちり　にぎる
3　さっさか　ふりかけ
4　たっぷりかける
ぜんいん　なるほど　おいしく　できました！

1　ハッピー　パワーが
2　マックス　ぜんかい
3　ヤッパリ　おにぎり
4　ラッキー　アイテム

ぜんいん　ワッハハ　わらって　たべました！

1　をにぎり　をじゃない　おにぎり　ですよ
2　をにぎり　をじゃない　おにぎり　ですよ
3　　　　　　をにぎり　をじゃない　おにぎり　ですよ
4　　　　　　　　　　　をにぎり　をじゃない　おにぎり　ですよ

1　んんと　おいしい　びっくり　ぎょうてん！
2　んんと　おいしい　びっくり　ぎょうてん！
3　　　　　んんと　おいしい　びっくり　ぎょうてん！
4　　　　　　　　　んんと　おいしい　びっくり　ぎょうてん！

12　たべてる　あいだに
34　たべてる　あいだに
ぜんいん　ごじゅうおん！

12月

鳥のかぞえうた――台湾のかぞえうた

北原白秋 訳／海上和子 編

〈読み手〉1、2の二人、または二グループ

【ノート】かけ算をしているような数え歌です。日本にもにたような歌が沢山あります。台湾の子どもたちも歌遊びをしながら数を覚えていったのでしょう。えさをつつく鳥の姿を思いうかべながら読んでみましょう。

1
2　鳥《とり》のかぞえうた

1　一わの鳥は　目《め》だまが二つ。
2　二つの足《あし》で　ぴょんこぴょんこ　あるく。
1
2　ぴょんこぴょんこあるく。
1　二つのつばさに　しっぽが一つ。
2　一つのくちばし　つんこ　つんこ　つん。
1　コメをついつい、アワをついつい。
1
2　つんこ　つんこ　つん。

2　二わの鳥は　目だまが四つ。

1 四つのあしで　ぴょんこぴょんこ　あるく。
1 2 ぴょんこぴょんこあるく。
2 四つのつばさに　しっぽが二つ。
1 二つのくちばし。つんこ　つんこ　つん
2 コメをついつい。アワをついつい。
1 2 つんこ　つんこ　つん
1 三わの鳥は　目だまが六つ。
2 六つのあしで　ぴょんこぴょんこ　あるく。
1 2 ぴょんこぴょんこあるく。
1 六つのつばさに　しっぽが三つ。
2 三つのくちばし　つんこ　つんこ　つん。
1 コメをついつい、アワをついつい。
1 2 つんこ　つんこ　つん。

2 四わの鳥は　目だまが八つ。
1 八つのあしで　ぴょんこぴょんこ　あるく。
1 2 ぴょんこぴょんこ　あるく。
2 八つのつばさに　しっぽが四つ。
1 四つのくちばし　つんこ　つんこ　つん。
2 コメをついつい、アワをついつい。

12　つんこ　つんこ　つん。

1　五わの鳥は　目だまが十。

2　十のあしで　ぴょんこぴょんこ　あるく。

12　ぴょんこぴょんこ　あるく。

1　十のつばさにしっぽが五つ

2　五つのくちばし　つんこつんこつん。

1　コメをついつい、アワをついつい

2　つんこ　つんこ　つん。

12　つんこ　つんこ　つん。

12月

ものをかぞえることば

古関勝則 作／編

〈読み手〉ソロ1～8の八人、または八グループ、または①、②の二グループ

【ノート】いろいろな数え方があってむずかしそうです。でも、声に出して読んでいくとすぐに覚えてしまいます。リズムよく、元気に読んでみましょう。人だけなぜかちがうのがおもしろいですね。

1①紙《かみ》は
ぜんいん②一枚《いちまい》
2①えんぴつは
ぜんいん②一本《いっぽん》
3①くつは
ぜんいん②一足《いっそく》
4①服《ふく》は
ぜんいん②一着《いっちゃく》
5①自転車《じてんしゃ》は
ぜんいん②一台《いちだい》

6①お茶《ちゃ》は
ぜんいん②一杯《いっぱい》
7①鳥《とり》は
ぜんいん②一羽《いちわ》
8①人《ひと》は
ぜんいん②一人《ひとり》
人《ひと》だけ「ひ」ではじまるね

12月

へっこきよめご

とおのものがたりより／澤野尚子 編

〈読み手〉ソロ1〜15、ナレータ、その他全員のコーラス。ナレータとコーラスは兼ねてもよい

【ノート】ナレータは、昔話の語り部です。ゆっくり聞きやすい声で読みます。ソロ・コーラスは、リズムにのって楽しく読みます。◯は、一拍休むしるしです。テンポやリズムを工夫して読んでみてください。

1　へっこきよめご
ぜんいん　とおのものがたり
2　むかし　あったずもな
3　とおのの　あるむらに
4　へ　ばっかりこいてる　よめごが　いたったずもな

ソロ	コーラス
いもくって　◯	◯　ぶっ
まめくって　◯	◯　ぶっ

5　そのへの　くっさいこと　くっさいこと
6　かぞく　みんな　こまって　いたと

7　あるよる
8　そのいえに　ぬすっとが　はいったずもな
9　ばさまも　だんなも　ぶるぶる　ふるえあがったと
10　そこへ　よめごが　やってきて

ソロ	コーラス
おらに　○	
	まかせろ　○
まとめて　○	
	ブッとば　す
いもくって　○	○　ぶっ
まめくって　○	○　ぶっ

11　そのへの　いきおいに
12　ぬすっとたちは　すっとんだ

ソロ	コーラス
ドスン　○	
	あいたた　○
ドスン　○	
	あいたた　○
にげろー　○	にげろー　○

13　ばさまと　だんなは　よろこんだ

14　よめごのてをとり　こういった

ソロ	コーラス
おらほのよめごは　にほんいち	
	へっこきよめごは　にほんいち
いも　まめ　どんどん　○	○　たべなされ

15　こうしてよめごは　すきなだけ　へをこいたとさ

ぜんいん　どんどはれ

12月

ひらひらゆき

日置敏雅　作／編

〈読み手〉1〜3の三グループ

〈記　号〉［追いかけ

【ノート】やわらかな雪がしずかにふる様子を思いうかべて読みましょう。全体にやさしい声でゆっくりと読みます。とくに、全員で読む部分がはやくなったり、強くなりすぎたりしないように気をつけましょう。

1　ひらひらひらと　ゆきがふる
2　ひらひらひらと　ゆきがふる
3　ひらひらひらと　ゆきがふる
123　ゆきがふる

1　ふわふわふわと　ゆきがふる
2　ふわふわふわと　ゆきがふる
3　ふわふわふわと　ゆきがふる
123　ゆきがふる

1 はいいろぐもが　やってきて
2 みんなの上に
3 ゆきがふる

1 ひらひらと　ゆきがふる
2 ひらひらと　ゆきがふる
3 ひらひらと　ゆきがふる
123 ゆきがふる

1 ふわふわと　ゆきがふる
2 ふわふわと　ゆきがふる
3 ふわふわと　ゆきがふる
123 ゆきがふる

「冬」をよむ

教室で楽しむ群読12カ月

1月

たこのうた

文部省唱歌／加藤征子 編

〈読み手〉1、2の二グループ

【ノート】○は間をおくところ、途中から1と2が、一緒に読みます。ここは、声をそろえて読みます。大空に舞い上がるたこに呼びかけるように元気な声で読みましょう。

1	2
たこたこ　あがれ	○　あがれ
風《かぜ》よく　うけて	
雲《くも》まで　あがれ	○　あがれ
天《てん》まで　あがれ	○　あがれ
	えだこに　じだこ
どちらも　まけず	どちらも　まけず
○　あがれ	雲《くも》まで　あがれ
○　あがれ	天《てん》まで　あがれ

（間）
あれあれ　さがる
○　いとを
あれあれ　あがる
はなすな　いとを

（間）
○　さがる
ひけひけ　いとを
○　あがる
はなすな　いとを

1月

ちくちくふわふわ

小松史哉 作／澤野郁文 編

〈読み手〉ソロ1～4（ソロは一人でもよい）と、①～⑥の六グループ
〈記　号〉＋声のたし算
【ノート】リズムにのって読み進めますが、「い・や・だ！」の部分は、ゆっくり大きくさけんでください。最後は全員で、だんだんゆっくり「どっちのことばをつかおうか？」と語りかけるように読みます。

1　ちくちくことばをしってるかい？
①　バカとか？
②　アホとか？
③　マヌケとか？
④　チビとか？
⑤　デブとか？
⑥　はげ頭《あたま》？

2　いわれてどんな気《き》持《も》ちかな？
だんしい

じょし　や
ぜんいん　だ！
3　こころがちくちくしてくるよ

4　ふわふわことばをしってるかい？
①　やったね！
②　いいね！
③　がんばった！
④　うまいね！
⑤　やるねー！
⑥　ありがとう！

だんし　どんどん気持《きも》ちがふーわふわ
じょし　こころがほかほかしてくるよ

ぜんいん　どっちのことばをつかおうか？

1月

たんけんか

北原白秋　作／松本順子　編

〈読み手〉ソロ1、2、3、4の四人、または四グループ

〈記　号〉＋声のたし算

【ノート】わくわくしながら雪の中に出て行く。そんな気持ちを元気な声で表現します。足ぶみをしながら読むのも楽しいでしょうね。＋は、だんだん大きく聞こえるように心がけましょう。

1　ぼくは子どもの　たんけんか、
＋2　犬《いぬ》にひかせた　そりにのる。
3　こすいは　こおりが　はりつめる、
＋4　のやまは　まっしろ　雪《ゆき》になる。
1 2　ふけよ、かぜ、かぜ、
1 2 3 4　ふけよ、かぜ、かぜ
　ふぶきもこいよ。

2　白《しら》かばばやしに　こやをたて、
＋3　朝《あさ》から　ぼうぼう　火をもそよ。
4　ぼくは　ナイフを　もっている。

＋1　しょくりょうは　かたパン　ビーフ　ポテト。
23　ふけよ、かぜ、かぜ、
1234　ふけよ、かぜ、かぜ
ふぶきもこいよ。

3　ちずやじしゃくも　そろってる、
＋4　かべには　くうきじゅう　かけておこう。
1　それから、ねだいも　こしらえる、
＋2　赤いもうふも　ひっかぶる。
34　ふけよ、かぜかぜ
1234　ふけよ、かぜ、かぜ
ふぶきもこいよ。

4　くまでもしかでも　こわかない。
＋1　きたなら　ずどんと　うってやろ、
2　それより　なかよく　とめてやろ。
＋3　ぼくは　えいごも　しっている。
14　ふけよ、かぜ、かぜ、
1234　ふけよ、かぜ、かぜ
ふぶきもこいよ。

1月

りんご　みかん　バナナ

長谷川勝士　作／重水健介　編

〈読み手〉1、2、3の三グループ

【ノート】三グループだけでなく、1を先生、2を女子、3を男子でも読めます。三人組で発表会をするのも楽しそうですね。声のたし算はだんだん大きく、ひき算はだんだん小さく聞こえるように読みましょう。（ここでは声のたし算、ひき算を十、一の記号ではなく、読み手の増減で示しています。）

1　りんご
2　ナイフ
3　ナイフをつかう
　かわをむく　きれないように
1　ながく
1 2　ながく
1 2 3　ながく
　わたしにむかせて

1　みかん

2　ゆびを
3　おやゆびつかう
なかのみを　つぶさないように
123　そっと
23　そっと
3　そっと
123　わたしにむかせて

1　バナナ
2　つまんで
3　エイッ
かわをむく　ふくをぬぐように
1　ツルン
12　ツルン
123　ツルン
わたしにむかせて

2月

ワラビとムジナ

北原白秋 作／海上和子 編

〈読み手〉1、2の二人、または二グループ

〈記　号〉「追いかけ

【ノート】白秋の住んでいた小田原《おだわら》では、春が近づくと、植物の芽《め》が出やすくなるように野やきをしたそうです。なお、ムジナはアナグマのことです。春を楽しみに待つ気持ちをこめて明るい声で読みましょう。

1 2　ワラビとムジナ

1　ワーラビ。ワラビ。
2　ワーラビ。ワラビ。
1 2　いついつもえる。
1　「いついつもえる。
2　　いついつもえる。
2　山《やま》やき。野《の》やき。

---

1 2　山《やま》やき。野《の》やき。
1　まだ火《ひ》があかい。
2　ムジナのよめは、
1 2　いついつきやる。
1　「いついつきやる。
2　　いついつきやる。
1　山《やま》やき。野《の》やき。
2　夜《よ》も火《ひ》があかい。

2月

積《つ》もった雪《ゆき》

金子みすゞ／毛利豊 編

〈読み手〉1～6の六グループ
〈記　号〉＋声のたし算
【ノート】1、3、5の人は止まらないで読みましょう。それに合わせるようにして2、4、6の人が加わって読むと、とぎれずになめらかに読んでいくことができます。

ぜんいん　積《つ》もった雪《ゆき》　金子《かねこ》みすゞ

1　上《うえ》の雪《ゆき》
さむかろな。
＋2　つめたい月《つき》がさしてゐ《い》て。

3　下《した》の雪《ゆき》
おもかろな。
＋4　何百人《なんびゃくにん》ものせてゐ《い》て。

5　中《なか》の雪《ゆき》
さみしかろな。
＋6　空《そら》もぢべたもみえないで。

2月

くっつきことば

古関勝則　作／編

【ノート】くっつきことばを楽しみながらおぼえましょう。問いかけに元気よく答えます。なお「うたとこえで?」「うたごえ」「読むと本で?」「どくしょ」のように、先生が問題を作ってクイズにするのもよいでしょう。

〈読み手〉1、2の二グループ

1　「朝《あさ》」と「ごはん」で

2　朝《あさ》ごはん

1　「やく」と「のり」で

2　やきのり

1　「あめ」と「かさ」で

2　あまがさ

1　「しんぶん」と「かみ」で

2　しんぶんし

1　「はな」と「びん」で

2　かびん

1　「はく」と「もの」で

2　はきもの
1　「兄《あに》」と「弟《おとうと》」で
2　きょうだい
1　「立《た》つ」と「春《はる》」で
2　立春《りっしゅん》
1　「あるく」と「まわる」で
2　あるきまわる
1　「月《つき》」と「夜《よる》」で
2　月夜《つきよ》
1　「力《ちから》」と「強《つよ》い」で
2　力強《ちからづよ》い
1　「くっつく」と「ことば」で
2　くっつきことば
ぜんいん　おしまい

2月　ゆき

文部省唱歌／深澤五郎 編

〈読み手〉1、2の二グループ。全員、男子、女子

〈記　号〉＝バックコーラス　┌追いかけ

【ノート】「ゆきやこんこ」は「ゆうきやこんこ」、「やまものはらも」は「やあまものはらも」と読むとリズムが合います。2は主にバックコーラスをうけもちます。やや小さい声で読みましょう。

1 2　ゆきやこんこ
　　あられやこんこ
1　ふっては　ふっては　　＝2　ゆきやこんこ
1　ずんずんつもる　　　　＝2　あられやこんこ
1　┌ふっては　ふっては　ずんずんつもる
2　└　　　　　　　ふっては　ふっては　ずんずんつもる
1　やまものはらも　　　　＝2　ゆきやこんこ
1　わたぼうしかぶり　　　＝2　あられやこんこ
1 2　かれき　のこらず　花《はな》がさく

1 2　ゆきやこんこ
　　あられやこんこ
1　ふってもふっても　　2　ゆきやこんこ
1　まだふりやまぬ　　2　あられやこんこ
1　ふってもふっても　まだふりやまぬ
2　　　　　　　　ふってもふっても　まだふりやまぬ
だんし　犬《いぬ》はよろこび
ぜんいん　にわかけまわり
じょし　ねこはこたつで
ぜんいん　まるくなる

3月

おもしろいもの　見つけた

長塚松美　作／編

〈読み手〉1～4の四グループ

〈記　号〉＋声のたし算

【ノート】わたしたちの身近にある物の名前について、語尾の二音を重ねました。リズムよく読んで、楽しみましょう。なお、「うんどうぐつ」はリズムをくずさないように「うんどぐつ」と読むとよいでしょう。

1　えんぴつ
＋2　ぴつぴつ
3　クレパス
＋4　パスパス
2　けしゴム
＋3　ゴムゴム
4　ふでばこ
＋1　ばこばこ
ぜんいん　なんかへん

1　うんど（う）ぐつ
＋2　ぐつぐつ
3　うわばき
＋4　ばきばき
2　こくばん
＋3　ばんばん
4　ランドセル
＋1　セルセル
ぜんいん　なんかへん

12　へんなこと　見《み》つけた
34　へんなもの　見《み》つけた
1　へんでも　なんでも　おもしろい
234　へんでも　なんでも　おもしろい
1　がっこう　だいすき　おもしろい
234　がっこう　だいすき　おもしろい

3月

たちつてとっても

澤野郁文 作／編

〈読み手〉ソロ、男女の二グループ

〈記　号〉＋声のたし算　┌追いかけ

【ノート】＋の記号でだんだん人数が増えたり、追いかけの記号で追いかけたりと、少し忙しいので、友だちが読んでいるときもしっかり脚本を見て心の中で一緒に読みましょう。気持ちも声も合ってきます。

ソロ　たいへんだ
男子　ちが出《で》てる
＋女子　ちが出てる
ソロ　つるっとすべって
女子　すってんころり
＋男子　すってんころり
女子　とっても
男子　いたくて
ぜんいん　たいへんだ！

ソロ　たちつて
＋女子　とっても
＋男子　たいへんだ！
ソロ　たちつて　とっても　たいへんだ！
女子　┌たちつて　とっても　たいへんだ！
男子　　　たちつて　とっても　たいへんだ！
女子　たちつて
男子　とっても
ぜんいん　たいへんだ！

3月

うれしいことば

重水健介　作／編

〈読み手〉　1〜6の六グループと先生

【ノート】「　　　」は、みなさんでこの一年間をふりかえって、ふさわしいことばを入れることもできます。先生のせりふには、先生が一年間、よく言っていたことばを入れてください。

1　一ねんまえ　このあいさつで　はじまった
ぜんいん　「よろしく　おねがいします」
2　うれしいときは　みんなでいっしょに　よろこびあった
ぜんいん　「やったね。すごいぞ。うれしいな」
3　しっぱいしても、はげましあった
ぜんいん　「だいじょうぶ。つぎは　きっとうまくいく」
4　くるしいときは、みんなでさけんだ。
ぜんいん　「がんばれ　がんばれ　もう少し」
5　けんかもしたけど　あやまった
ぜんいん　「ごめんね。おたがい　なかなおり」
6　先生《せんせい》の　ことばで　みんなうれしくなった
せんせい　「みなさんには　いいところがいっぱいあるんだよ

じしんをもって　まじめに　明《あか》るくやっていこう」

じょし　たのしい一年間《いちねんかん》をありがとう

だんし　らいねんもなかよくしようね

せんせい　それでは　みんな　これからも

ぜんいん　「がんばるぞ！　オー」

3月

しりとりうた

古関勝則 編

〈読み手〉1、2の二グループ

【ノート】リズムよく、楽しく読みましょう。文をみなさんでつくって楽しむこともできます。「白いはくも」「くもはすいすい」「すいすいはおよぐ」「およぐはさかな」……のようにです。

ぜんいん　しりとりうた
1　さよなら　さんかく
2　またきて　しかく
1　しかくは　とうふ
2　とうふは　白《しろ》い
1　白いは　うさぎ
2　うさぎは　はねる
1　はねるは　かえる
2　かえるは　青《あお》い

1　青いは　やなぎ
2　やなぎは　ゆれる
1　ゆれるは　ゆうれい
2　ゆうれいは　きえる
1　きえるは　でんき
2　でんきは　ひかる
ぜんいん　ひかるは　おそらの　おほしさま

【執筆者紹介】

海上和子（神奈川県・元公立小学校教諭）
加藤征子（東京都・公立小学校教諭）
古関勝則（福島県・公立小学校教諭）
澤野郁文（岩手県・公立小学校教諭）
澤野尚子（岩手県・公立小学校教諭）
重水健介（長崎県・元公立中学校教諭）
田村隆吏（高知県・公立小学校教諭）
長塚松美（神奈川県・公立小学校教諭）
中山香代（大分県・公立小学校教諭）
日置敏雅（愛知県・公立小学校教諭）
深澤五郎（千葉県・元公立小学校教諭）
松本順子（高知県・元公立小学校教諭）
毛利　豊（富山県・公立中学校教諭）
山口　聡（神奈川県・公立中学校教諭）

重水健介（しげみず・けんすけ）
1958年、長崎県生まれ。日本群読教育の会事務局長。長崎県の公立中学校に数学担当として三十数年勤め、現在に至る。
編著書：『みんなの群読脚本集』『学級活動・行事を彩る群読』『すぐ使える群読の技法』『楽しい群読入門』（ともに高文研）『すぐつかえる学級担任ハンドブック　中学校２年生』（たんぽぽ出版）ほか多数。

日本群読教育の会
「声の文化」としての群読を研究し、実践する有志の会として2002年に発足。年に一度の全国研究大会をはじめ、各地での群読実技講座や会員の実践記録などの出版、およびメール送信による会報を発行している。
ホームページ：http://gundoku.com
事務局メールアドレス：rxmkh648@ybb.ne.jp

教室で楽しむ群読12カ月【低学年編】

●2013年5月1日――――――第1刷発行

編著者／重水健介＋日本群読教育の会

発行所／株式会社 高 文 研
東京都千代田区猿楽町２－１－８（〒101-0064）
☎03-3295-3415　振替口座／00160-6-18956
ホームページ　http://www.koubunken.co.jp

組版／Ｗｅｂ Ｄ（ウェブ・ディー）
印刷・製本／三省堂印刷株式会社

★乱丁・落丁本は送料当社負担でお取り替えします。

ISBN978-4-87498-508-3　C0037